MEDITACIÓN

Aumenta La Felicidad Y Elimina El Estrés Y La Depresión

(Meditación Para Principiantes)

Enos Luna

Publicado Por Daniel Heath

© **Enos Luna**

Todos los derechos reservados

Meditación: Aumenta La Felicidad Y Elimina El Estrés Y La Depresión (Meditación Para Principiantes)

ISBN 978-1-989808-50-4

Este documento está orientado a proporcionar información exacta y confiable con respecto al tema y asunto que trata. La publicación se vende con la idea de que el editor no esté obligado a prestar contabilidad, permitida oficialmente, u otros servicios cualificados. Si se necesita asesoramiento, legal o profesional, debería solicitar a una persona con experiencia en la profesión.

Desde una Declaración de Principios aceptada y aprobada tanto por un comité de la American Bar Association (el Colegio de Abogados de Estados Unidos) como por un comité de editores y asociaciones.

No se permite la reproducción, duplicado o transmisión de cualquier parte de este documento en cualquier medio electrónico o formato impreso. Se prohíbe de forma estricta la grabación de esta publicación así como tampoco se permite cualquier almacenamiento de este documento sin permiso escrito del editor. Todos los derechos reservados.

Se establece que la información que contiene este documento es veraz y coherente, ya que cualquier responsabilidad, en términos de falta de atención o de otro tipo, por el uso o abuso de cualquier política, proceso o dirección contenida en este documento será responsabilidad exclusiva y absoluta del lector receptor. Bajo ninguna circunstancia se hará responsable o culpable de forma legal al editor por cualquier reparación, daños o pérdida monetaria debido a la información aquí contenida, ya sea de forma directa o indirectamente.

Los respectivos autores son propietarios de todos los derechos de autor que no están en posesión del editor.

La información aquí contenida se ofrece únicamente con fines informativos y, como tal, es universal. La presentación de la información se realiza sin contrato ni ningún tipo de garantía.

Las marcas registradas utilizadas son sin ningún tipo de consentimiento y la publicación de la marca registrada es sin el permiso o respaldo del propietario de esta. Todas las marcas registradas y demás marcas incluidas en este libro son solo para fines de aclaración y son propiedad de los mismos propietarios, no están afiliadas a este documento.

TABLA DE CONTENIDO

Parte 1 1

Introducción 2

Capítulo 1: La Necesidad De Meditar 4

Por Qué Es Necesario Meditar En Los Tiempos Que Corren 4
«Soluciones» Habituales Que Suelen Fallar 5

Capítulo 2: Vivir Y Sufrir 8

Ansíasla Versión Idealizada De Lo Que «Debería» Ser La Vida .. 8
El Deseo De Controlarlo Todo 9
Incapacidad O Inhabilidad Para Aceptar El Cambio 9
Alienación Urbana Y Electrónica 10

Capítulo 3: Las Promesas De La Meditación 11

¿Por Qué Meditar? 11
Los Beneficios 12

Capítulo 4: Los Beneficios Mentales Y Físicos De La Meditación 15

Los Beneficios Físicos 15
Los Beneficios Psicológicos 16

Capítulo 5: Fomentar La Actitud Positiva 18

Entrar En Un Bucle 18
Desarrollar La «Mente Del Principiante» 19

Capítulo 6: Encuentra Tus Verdaderas Motivaciones 22

Posibles Motivaciones: 23

Capítulo 7: Antes De Comenzar 26

Consejos Prácticos Para La Meditación 26

Capítulo 8: Desarrollar Disciplina Y Compromiso Hacia Tu

Práctica 29
COMPROMÉTETE 29
DESARROLLAR DISCIPLINA 30
Capítulo 9: Meditar Para Tonificar Tu Cuerpo 32
Capítulo 10: Meditación Consciente 35
ACEPTACIÓN PARA COMENZAR A MEDITAR 36
Conclusión 38
Parte 2 39
Introducción 40
¿Por Qué Cinco Minutos? 44
¿Qué Es Meditación? 49
Algo Para Usted, No Importa Quien Es Usted O Donde Va. 50
Fundamentos Para Su Práctica De Meditación De 5 Minutos. 52
Muy Importante 54
La Conciencia De La Respiración En La Meditación 56
Meditación Mantra 58
Punto Visual, O De Enfoque 60
Meditación Caminando 63
Meditación Del Sonido, La Música O El Cantico 64
Respiración Enfocada 66
COMO RESPIRAR PARA QUE USTED TENGA EL MAYOR BENEFICIO DE ELLO. 67
El Circulo De Estrés Y Cómo La Respiración Lo Aniquila Correctamente 69
La Respiración En Tres Partes 71

Relación De La Respiración 1-4-2 74
Relación De La Respiración 1-2 76
Reto De 10 Días De Meditación 81
Conclusión 89

Parte 1

Introducción

Antes que nada quiero agradecerte y felicitarte por descargar este libro.

Este libro contiene pasos y estrategias previamente comprobadas para que, a través de la meditación, te liberes del estrés en medio de la agitación del mundo posmoderno.

En los capítulos que vienen a continuación, aprenderás por qué es importante la meditación, por qué es necesaria en el mundo moderno y cómo puede beneficiarte. También aprenderás qué actitudes tienes que fomentar para conseguir una buena meditación así como la motivación para no abandonar aunque encuentres algunos baches en el camino.

Por último, te daremos una guía simple, fácil y práctica del paso a paso de algunas técnicas de meditación. Las puedes poner en práctica donde y cuando quieras para resintonizarte con tu cuerpo, relajarte y liberar toda la tensión y la negatividad acumuladas.

Gracias por descargar este libro, ¡espero

que lo disfrutes!

Capítulo 1: La necesidad de meditar

Si compraste este libro, asumimos que es porque hay una parte de tu vida que te gustaría cambiar o mejorar. O tal vez necesitas frenar un poco en medio del caos que te rodea y dedicar un momento a la introspección. También asumimos que consideras que la meditación te puede ayudar a alcanzar estas y muchas otras cosas, pero ¿cómo puede beneficiarte exactamente una pausa de 10 o 20 minutos para centrarte en respirar o repetir mantras?

Este libro te dará algunas claves y te ayudará a conocer los beneficios de la meditación y el impacto positivo que esto tendrá en tu vida.

Por qué es necesario meditar en los tiempos que corren

Hay muchas dificultades en la vida que causan malestar, estrés, dolor de cabeza, miedo, agotamiento e incluso rabia. Independientemente de cuál sea tu situación, seguirás sufriendo si no eres capaz de lidiar con la causa. El objetivo de la meditación es proporcionarte equilibrio, paz, aceptación y compasión. Además, es una forma de experimentar la vida manteniéndote lejos del sufrimiento y de hacer que te relaciones con los problemas desde una perspectiva más positiva.

«Soluciones» habituales que suelen fallar

Antes de ahondar en el maravilloso mundo de la meditación, es convenienteanalizar las formas más habituales de lidiar con el estrés del día a día. A lo mejor has intentado alguna, pero al final te has dado cuenta de que te causan más daño y más estrés.

Abuso de sustancias: las drogas y el alcohol proporcionan consuelo y distracción e incluso pueden aportar una sensación de seguridad y relajación. Son sustancias que tienen efectos muy adictivos pero en el momento en que esos efectos desaparecen, dan ganas de consumir más, por lo que es posible entrar en una espiral de autodestrucción.

Fama y entretenimiento: en la actualidad, el carisma de los famosos y el conducto de escape que supone la industria del entretenimiento tienen un poder dominante sobre sus consumidores, de hecho es muy fácil engancharse a los programas de televisión y a las películas. Algunas personas están tan preocupadas por los detalles de la vida de los famosos que no son conscientes de la vida real, de sus problemas e insatisfacciones. Para colmo, se vuelven vulnerables a la manipulación que ejercen los medios hasta que desconectan por completo de sus verdaderos sentimientos y en general de ellos mismos.

Cultura del consumismo: la sociedad actual tiende a fomentar, o mejor dicho a propagar, un estado mental consumista. El sueño americano te promete que conocerás la felicidad verdadera en cuanto compres la casa ideal, el coche ideal y tus hijos e hijas vayan a un colegio ideal. Trabajas mucho para poder darte lujos, para comprar cosas caras y es posible que más de una vez te hayas ido de compras a modo de terapia anti estrés. Lo triste es que esto se convierte en un bucle que te impide conocer la auténtica felicidad y la verdadera satisfacción vital. Además, corres el riesgo de endeudarte, y al final, como necesitas ese dinero, nunca vas a conseguir liberarte de ese trabajo que no te gusta pero que está bien pagado.

Capítulo 2: vivir y sufrir

Hay muchos aspectos de la vida que pueden estar causándote daño y sufrimiento, pero en algunas ocasiones ni siquiera conoces la raíz de esos problemas. Si estás de acuerdo con esto, lee la lista que viene a continuación para saber si alguno de los ejemplos se adapta a tu situación.

Ansíasla versión idealizada de lo que «debería» ser la vida

Hay mucha gente que transita por la vida de manera insatisfactoria porque creeque ha fracasado o porque está tan preocupada por alcanzar un ideal que se olvidan de VIVIR. No importa la razón; si es la casa perfecta, el trabajo perfecto o el cuerpo perfecto, hay que luchar y emplearse a fondo. Sin embargo, en ocasiones puedes sentir cierta decepción al darte cuenta de que no es tan fácil conseguir las cosas, o que eso que para ti era un ideal, en realidad no es tan perfecto.

El deseo de controlarlo todo

La gente tiende a querer controlar todo a su alrededor y hoy en día, se hace cada vez más fácil conseguirlo. Muchos de los aparatos electrónicos que hay en el mercado les aseguran que pueden controlar su vida con un clic. Hay aplicaciones de bancos, de comunicación y de gestión de negocios que les dan la posibilidad de controlar su vida a través del teléfono. El desarrollo de esas aplicaciones responde a la demanda del ser humano de querer controlarlo todo. El problema es que nadie puede controlar las circunstancias o las cosas que ocurren, y el hecho de que las cosas se tuerzan o que no vayan como lo hemos planeado, les hace sufrir.

Incapacidad o inhabilidad para aceptar el cambio

Hay muchas escuelas de pensamiento que consideran que el cambio es la única constante y esto es lo que nos enseña el Zen. Para alcanzar una pizca de felicidad, hay que asumir que el cambio es inevitable y no puedes pretender que las cosas permanezcan siempre de la misma manera. La gente, los lugares, la posición social, todo cambia, te guste o no. Y la incapacidad de aceptar que eso puede pasar, es lo que te hace sufrir.

Alienación urbana y electrónica

Vivir en la era de la información puede ser un poco agobiante para mucha gente. Aunque existen varias formas de entretenernos en este mundo postmoderno, el sentimiento de soledad, la alienación y la fragmentación todavía campan a sus anchas entre la población. A pesar de que existen numerosas aplicaciones que facilitan el contacto social, estas relaciones no llegan a ser lo suficientemente reales o significativas, por lo que difícilmente aporten satisfacción y realización.

Capítulo 3: Las promesas de la meditación

Después de exponer las causas y las pseudosoluciones del sufrimiento humano en el mundo postmoderno, llegó el momento de ir al grano y abordar las soluciones reales que nos ofrece la meditación. La meditación y la conciencia plena te permitirán ahondar en los cambios positivos de tu estilo de vida y de tu percepción del mundo.

¿Por qué meditar?

A diferencia de las «soluciones» que mencionamos en el primer capítulo, la meditación no te distrae de la realidad ni te desconecta del mundo. Lo que conseguirás será *experimentar* la vida, incluso el estrés y los problemas, de una manera diferente, más positiva. El principal objetivo es conectarte un poco más con el mundo y con la gente que te rodea. En esta unión encontrarás paz mental y podrás vivir en armonía con el mundo.

Te pueden quitar un auto, un trabajo o cualquier cosa material, pero nunca te podrán quitar tu forma de ser. Es mucho más inteligente intentar trabajar la forma en la que percibes y reaccionas al mundo que intentar controlar todo lo que te rodea.

Los beneficios

Los numerosos beneficios de la meditación son lo que la convierten en algo tan interesante, especialmente en la sociedad moderna. Sin embargo, es importante que no conviertas estos beneficios en tu objetivo principal porque, a decir verdad, los objetivos son la antítesis de la meditación. Meditando no existen juicios ni comparaciones. Tal vez te resulte complicado creer que invirtiendo solamente 10 o 20 minutos cada día puedes dar un cambio radical a tu vida. Sin embargo, siendo constante en la práctica, te darás cuenta de que es así y te sorprenderán los innumerables beneficios que puede aportarte esta simple pero disciplinada práctica.

Serás capaz de vivir en el momento y apreciar los pequeños placeres de la vida:

parece que en el mundo postmoderno vivimos a contrarreloj; corriendo a trabajar, corriendo a una reunión, corriendo para no perder un avión. Con las prisas la gente tiende a olvidarse de que la vida está ocurriendo y nos olvidamos de apreciar esos momentos que son breves pero valiosos. Ser capaz de vivir en el presente y de apreciar las sutilezas del mundo es un estado de conciencia que la meditación puede instilaren ti.

Te volverás más compasivo y sensiblecon los demás y con el mundo: la meditación te enseña a ser sensible al dolor y al sufrimiento ajenos. También infunde en ti el deseo de liberarte de todo ese sufrimiento.

Estarás más conectado contigo mismo y esto te ayudará a alcanzar un estado de felicidad permanente: aprenderás a abrirte y a explorarte, a descubrir quién eres en realidad y no permitirás que te cieguen con información diseñada para ocultar la realidad.

Elegirás empezar a aceptar la vida, las circunstancias y los cambios: estar en paz con tu vida es un aspecto fundamental de la meditación. Es importante que te aceptes a ti y a las circunstancias sin emitir juicios, sin preocupación y sin arrepentimientos.

Serás más tolerante a los factores que causan estrésy no sentirás tanta ansiedad y miedo en tu día a día: mientras estés en paz contigo y con el mundo físico, te darás cuenta de que dejarte invadir por la ansiedad y el estrés solo te causará sufrimiento.

Podrás establecer conexiones más profundas y significativas con los que te rodean: la meditación te hace ser más consciente del momento y de la fugacidad de la vida. Serás más consciente de lo importantes que son las personas que amas y esto te hará apreciarlas tal cual son.

Capítulo 4: los beneficios mentales y físicos de la meditación

La meditación tiene efectos físicos y psicológicos que te ayudarán a mejorar tu calidad de vida. Sus beneficios son incalculables y si eres constante en la práctica tu vida dará un cambio radical.

Los beneficios físicos

Las personas que practican la meditación de manera regular experimentan disminución de tensión, menos ansiedad, mejor sueño y además relajación y creatividad. Por ejemplo, reduce las ondas cerebrales beta, lo que aumenta el poder de decisión y la memoria, también promueve las ondas gamma, delta y alfa que mejoran el pensamiento creativo. Las personas que sufren de hipertensión, con una práctica regular experimentan una mejora de la presión sanguínea y del pulso cardíaco.Pero aunque no sea tu caso, la meditación igualmente disminuirá el riesgo de sufrir un derrame cerebral o un infarto, incluso puede llegar a reducir los niveles de colesterol en sangre.

En general, los que se dedican incondicionalmente a la práctica de la meditación experimentan la relajación física absoluta.

Los beneficios psicológicos

A parte de los efectos físicos, la meditación también tiene efectos psicológicos beneficiosos como por ejemplo, fomentar los pensamientos positivos. Esto quiere decir que cuanto más tiempo pases contigo mismo comenzarás a madurar y a aceptarte física y emocionalmente, te sentirás más equilibrado y centrado y esto puede ser muy útil en especial para las personas que quieran atraer la humildad a sus corazones. En sintonía con los pensamientos positivos, la meditación también fomenta la gratitud y el amor por la vida en general.

Los beneficios de la meditación cambian de una persona a otra y van apareciendo de diferentes maneras y en diferentes momentos de la práctica. Es importante que no establezcas un objetivo claro cuando empieces a practicar, intenta sumergirte en la experiencia día a día, revelación a revelación.

Capítulo 5: fomentar la actitud positiva

Antes de subirte al viaje de la meditación, es necesario que realices un trabajo previo a la práctica.Es fundamental que fomentes y desarrolles algunos aspectoso formas de pensar que te aseguren que vas en la dirección correcta.En este capítulo, te guiaremos en el proceso para encontrar tu verdadera motivación. Aprenderás amanifestar la actitud adecuada, la disciplina para aplicar a tu práctica y a desarrollar un estado mental que abra tu corazón y tu mente a las maravillas de la meditación.

Entrar en un bucle

Aunque lo llamemos viaje, tienes que asumir que en algunas ocasiones te verás de vuelta en el punto de partida, y si esto sucede, quiere decir que lo que estás buscando ya está dentro de ti y que, de hecho, ya eres capaz de lograr la paz mental, calmar el estrés y apreciar la vida día a día. Lo que ocurre es que los pensamientos negativos inundaron tu mente y tu corazón, tal vez dudas de ti, sientes insatisfacción, deseas, juzgas y tienes miedos. Estas son las cosas que te alejan de ti mismo y no te dejan ver con claridad quién eres realmente.

El objetivo de la meditación es limpiar tu mente y tu corazón de esas olas de negatividad que te invaden y no te dejan ver quién eres en realidad. La meditación te permite identificar tu esencia como ser humano y en cuanto hayas alcanzado este nivel de reconocimiento y consciencia, te darás cuenta de que ese sentimiento estuvo ahí todo el tiempo. Entonces podrás ver, vivir y ser tú mismo sin juzgar, sin dudar y sin temer a nada. Esta actitud hacia la vida es la que denominamos la «mente del principiante».

Desarrollar la «mente del principiante»

La mejor actitud que puedes tomar para enfrentarte a la meditación es la de apertura y aceptación. Es necesario que te liberes de todas las ideas preconcebidas, de las expectativasy de los prejuicios. Este estado mental se conoce como la «mente del principiante». Muchos profesores y profesoras de meditación creen que lo más importante es mantener esta perspectiva simple y fresca durante la práctica, por decirlo de otra manera, no tienes que aspirar a la sabiduría o a conseguir un cierto estado de consciencia.La mente del principiante está abierta a todo, sin embargo, la mente de los que se autoproclaman expertos ya está llena y cerrada a nuevas posibilidades. La mente del principiante está:

Abierta a aceptar todas las experiencias de la vida: cuando te sensibilizas y te abres a la meditación sin prejuicios y con la mente despejada, te vuelves uno contigo mismo. Esto incluye tanto lo bueno como lo malo.

Libre de ideas restrictivas: la mente del principiante es una mente en expansión. Cuando te liberas de los pensamientos, las creencias y las ideas que limitan tu mente, ésta se vuelve como el cielo, no importa cuántas nubes pasen, tu mente es ilimitada y sigue abierta a todas las posibilidades de la vida.

Cuando vayas avanzando en tu práctica,

verás que se te hace complicado liberarte de las expectativas y de las ideas preconcebidas, pero es indispensable si tu objetivo es encontrar tu verdadera esencia. Es esa actitud de «no saber» lo que te permite estar abierto a cosas nuevas y sentir esa curiosidad.

Capítulo 6: encuentra tus verdaderas motivaciones

La motivación juega un papel fundamental en cualquier proyecto que quieras emprender y en la forma en la que lo experimentes. También es el elemento principal en la manera en la que te enfrentas a los resultados. En definitiva, todo lo que haces tiene en ti un efecto distinto dependiendo de la motivación que lo impulse. Y esto debe reflejarse en tu día a día, por ejemplo, con la práctica del ejercicio físico; si tu única motivación es caber en un vestido de otra talla, se vuelve una práctica agotadora, sobre todo si tu cuerpo es rebelde y le cuesta perder peso. Pero si decides practicar ejercicio de manera regular para mejorar tu salud y tu calidad de vida, entonces se transforma en una experiencia totalmente distinta.

Hay muchas motivaciones para practicar la meditación, de hecho, los centros espirituales a menudo hacen una lista con la intención de aliviar el sufrimiento ajeno (una motivación altruista), que se considera una de las motivaciones más importantes. Pero has de ser honesto contigo mismo y descubrir cuáles son tus verdaderas motivaciones. A continuación se incluye una lista que contiene algunas de las motivaciones más habituales y que puede guiarte para encontrar la tuya.

Posibles motivaciones:

Autoaceptarse: los medios de comunicación y la cultura popular nos bombardean constantemente con imágenes ideales, por lo que es normal que nos sintamos insatisfechos con quiénes somos, con nuestra apariencia y con otros muchos aspectos de nuestra vida. La constante búsqueda de la perfección puede ser agotadora y estresante, y aleja a las personas del camino hacia la verdadera felicidad.

Mejorar un aspecto de tu vida o toda tu vida: tal vez estás lidiando con el estrés que te causa tu vida, como pueden ser un trabajo estresante o una relación difícil. Es normal que con la práctica de la meditación consigas relajarte, calmar tu mente y cambiar tus reacciones y la forma en la que te relacionas con el mundo y con los que están a tu alrededor.

Identificar tu esencia: a todos se nos nubla la mente y eso nos impide ver nuestro verdadero ser. La gente a veces se complica intentando responder las grandes preguntas de la vida, buscando su identidad en un mundo que constantemente te dice cómo deberías ser. La búsqueda de tu esencia es como el camino a la iluminación, estar en comunión contigo y simplemente ser. Alcanzar el cenit te puede proporcionar una felicidad tan profunda que ni los conflictos podrán opacarla.

Ayuda a los que están a tu alrededor: esta es la más altruista y preciada de todas las motivaciones. Los budistas tibetanos creen que todo el mundo debe cultivar esto en su interior, incluso si al principio no es la principal motivación. La meditación sin este factor no puede alcanzar la cúspide del autodescubrimiento ya que es únicamente a través del altruismo que puedes deshacerte de la tendencia humana a la arrogancia intelectual y espiritual.

En cuanto te sientas preparado y hayas establecido los cimientos de tu práctica, es decir, la motivación y la actitud, entonces puedes comenzar a practicar la meditación. Sin embargo, es fundamental que recuerdes que tienes que ser constante si quieres desarrollar la actitud correcta y seguir analizando tus motivaciones.

Capítulo 7: Antes de comenzar

Existen distintos tipos de técnicas de meditación a las que puedes recurrir para comenzar. A continuación vamos a nombrar algunas de las más sencillas y prácticas. Sin embargo, antes de profundizar en cada una de esas técnicas de meditación, es necesario que te familiarices con unas pautas básicas.

Consejos prácticos para la meditación

Ponte ropa cómoda: es importante que te expongas a la menor cantidad de distracciones posibles mientras meditas. Por lo tanto, debes ponerte ropa de la talla adecuada para que puedas respirar con facilidad y te sientas cómoda, no lleves ropa ni muy ajustada ni muy suelta, así no sientes ni frío ni calor.

No tengas el estómago ni lleno ni vacío: meditar con el estómago lleno puede ser soporífero, dificultarte la concentración y desenfocarte de la conciencia. De la misma manera, si tienes hambre, los ruidos del estómago te harán perder la concentración. Lo mejor es empezar a meditar más o menos una hora después de haber comido adecuadamente.

Elije conscientemente dónde y cuándo: es importante que encuentres el lugar y el momento adecuadospara complementar tu práctica, es fundamental que puedas disponer de paz y tranquilidad durante el tiempo que quieras. No importa lo ocupado que sea tu día, seguro que puedes rescatar 10, 15 o cinco minutos al día para dedicarlos a meditar.Si tienes un tiempo limitado para practicar, es importante que lo aproveches al máximo; ten un lugar preparado para sentarte o acostarte sin distracciones ni interrupciones.

Decide cuánto tiempo quieres que dure tu meditación: si eres principiante, pocos minutos de quietud pueden parecerte una eternidad, es por esto que se recomienda comenzar con cinco minutos de meditación. Cinco minutos puedes usarlos simplemente para empezar a sentirte cómodo, pero siempre puedes añadir más tiempo (10 o 15 si consideras que necesitas más tiempo). Los que ya están acostumbrados pueden durar hasta una hora meditando y estos períodos de meditación tan largos pueden tener efectos increíbles.

Evita el alcohol, el café o cualquier sustancia que pueda alterar tu química cerebral: estás en un camino al autodescubrimiento y te va a ser difícil sacarle partido si tu sangre está cargada de químicos que puedan alterar tu funcionamiento cerebral.

Asegúrate de que has descansado bien: puede sonar a cliché, pero la verdad es que hay muchos casos en los que la gente se queda dormida mientras medita. Para alcanzar la conciencia y la aceptación es importante que tu mente esté despejada, libre de cansancio y de falta de sueño.

Capítulo 8: Desarrollar disciplina y compromiso hacia tu práctica

Si realmente quieres cambiar tu mentalidad y tu perspectiva a través de la meditación, una de las cosas en las que debes trabajar es la disciplina y el compromiso hacia la práctica. Cuando ese compromiso sea sincero y tengas la intención de evolucionar en esta disciplina, te resultará más fácil adquirir el hábito de la meditación.

Comprométete

A medida que pase el tiempo, te vas a ir encontrando con algunos obstáculos en tu práctica. Es posible que sientas impaciencia, cansancio, desilusión o tal vez no aprecies el progreso, y esto puede hacerte abandonar en cuanto te encuentres con alguna dificultad en el camino. ¿Y qué es lo que va a impedir que abandones? Tu compromiso. El compromiso es la base sobre la que construyes tu práctica, que también surge de la motivación (como vimos en el capítulo 6). Debes estar motivada y tener un plan propio,por ejemplo; puedes elegir meditar unos minutos al levantarte, antes de irte a dormir, etc. Compromiso significa implicaciónen tu plan y en tus intenciones ya que si sientes la inspiración y el compromiso, la meditación te resultará mucho más fácil.

Desarrollar disciplina

La palabra disciplina puede sonar fuerte. Puede llegar a quitarte las ganas, sobre todo si te trae a la mente una figura que refleje autoridad como tu profesor o tu jefe. Sin embargo, la disciplina que se necesita para la meditación es el tipo de disciplina que te va a permitir continuar con tu práctica independientemente de tu estado de ánimo. Incluso te dará la fuerza necesaria para continuar con tu rutina de meditación en esos momentos difíciles en los que te sientes aletargado. Disciplina significa que practicarás con regularidad, no cuando solamente te den ganas, porque tu mente ya lo asimiló así.
Es importante que hayas comprendido estos puntos básicos y que tengas una

base sólida de motivaciones antes de comenzar. Esto te permitirá continuar tu práctica con regularidad a largo plazo y, poco a poco, ir cosechando los beneficios reales de la meditación

Capítulo 9: Meditar para tonificar tu cuerpo

Los capítulos anterioresnos han traído hasta este punto: la práctica real. En este capítulo te vamos a dar una guía simple y fácil para llevar a cabo una práctica básica de meditación que puedes realizar en cualquier momento y en cualquier lugar. Encontrarás muchas prácticas de meditación, pero esta en concreto, está enfocada en recuperar el contacto con tu cuerpo y te servirá de base para que en un futuro puedas realizar prácticas más profundas.

1º paso: acuéstate boca arriba, cierra los ojos y ponte cómoda. Asegúrate de que no hay riesgo de quedarte dormida y de que es una posición en la que puedes aguantar 20 minutos.

2ºpaso: mientras estás acostada, concéntrate en el conjunto de tu cuerpo. Siéntelo e intenta que ningún pensamiento invada tu mente. Concéntrate en la presión que sientes en las zonas que están en contacto con la superficie sobre la que estés y pon toda tu atención en tu cuerpo, tal y como es.

3º paso: cuando sientas que tu mente está en calma y que eres consciente de tu cuerpo, enfoca esta consciencia en un punto específico, como por ejemplo, los dedos de los pies. Ábrete a cualquier sensación y si no sientes nada, disfruta también este «no sentir». Siente la energía que emerge y se sumerge a través de tus dedos mientras respiras y concéntrate en esto durante unos minutos.

4º paso: traslada tu atención, lentamente, desde los dedos a las plantas de los pies y hasta los empeines, tus rodillas, muslos, luego a tu dorso, desde la parte inferior del abdomen al plexo solar, desde la parte baja de la espalda a los omóplatos, a tu pecho, nuevamente pasa por los hombros y luego baja por tus brazos. No te frustres si no sientes nada, simplemente sé consciente de eso también. El objetivo de esta técnica de meditación es darte la posibilidad de que tengas consciencia de tu propio cuerpo.

5º paso: ahora sube hasta el cuello, la cara, la parte de atrás de la cabeza hasta que llegues a la coronilla. Recuerda dedicarle a cada parte por lo menos un minuto o dos antes de continuar a la siguiente. Cuando hayas terminado con la coronilla, vas a empezar a sentir más relajación, vas a sentir que tus pensamientos son livianos como el aire, que pasa y se va. Mantén este estado de relajación durante unos minutos más.

6º paso: devuelve la atención a la unidad de tu cuerpo y deja que todas estas sensaciones fluyan a través de ti. Dedícate unos minutos a apreciar esto y cuando sientas que ya es suficiente, comienza a mover suavemente los dedos de las manos, los de los pies y abre los ojos con delicadeza. Balancea tu cuerpo de un lado a otro y luego incorpórate, haz unos estiramientos rápidos y ¡continúa con el día!

Capítulo 10: meditación consciente

La meditación consciente,o *mindfulness*, es la mejor forma de estar en el presente y vivir en el ahora, si pones toda tu atención en ti puedes alcanzar la verdadera felicidad. El *mindfulness* te enseña a ser consciente de tu persona y de las cosas que te rodean con una actitud de aceptación, paciencia y compasión. Ser consciente significa que eres responsable de ti mismo y con los demás de una manera desinteresada, y eso te permite reaccionar en armonía con el universo.

El *mindfulness* se basa en la consciencia del ser y empieza por ser consciente de la respiración. Seguir tu respiración es el primer paso y puede sonar fácil,sin embargo, para una mente que está acostumbrada a recibir imágenes hiperrealísticas y violentas, puede resultar difícil. Tal vez notas que tu mente se dispersa constantemente mientras intentas respirar profunda y lentamente, pero lo único que tienes que hacer es volver poco a poco a concentrarte en tu respiración e intentar liberar la mente.Ser consciente de tus pensamientos sin pensarlos.

Aceptación para comenzar a meditar

Una de las causas principales del sufrimiento es la incapacidad para aceptar la realidad, para aceptarse a uno mismo y para liberarse de las emociones y pensamientos negativos. Estos últimos pueden ser una de las principales causas del estrés y la insatisfacción con la vida, pero la buena noticia es que la meditación se puede utilizar para enfocar estos problemas.Hasta que no te liberes de la negatividad, de los sueños frustrados, de los prejuicios y de los dogmas, nunca serás capaz de recuperar la positividad y la aceptación. La técnica que compartimos a continuación se enfoca en este aspecto.

1º paso: siéntate en una postura cómoda, o en una silla con las piernas cruzadas o en el suelo, asegúrate de que es una posición en la que puedes permanecer unos 10 o 15 minutos. Puedes dejar los ojos abiertos o cerrarlos, como prefieras.

2º paso: centra tu atención en la

respiración, deja que la inspiración y la expiración sean lo que llene tu conciencia.

3º paso: ahora enfócate en tus pensamientos y emociones, asegúrate de estar abierta y no juzgar nada de lo que pase por tu mente, solamente observa su presencia.

4º paso: sé consciente de que intentas echar, olvidar o bloquear algunos pensamientos y emociones que te resultan desagradables. Acéptalos y sé consciente de su presencia.

5º paso: después de dar el primer paso hacia la aceptación de esos sentimientos y pensamientos, es momento de dejarlos ir. Dales la bienvenida a tu mente y déjalos ir de a poco. Aceptar y soltar, aceptar y soltar – esta es la esencia del *mindfulness*.

Conclusión

La meditación es una forma necesaria y fundamental para deshacerte del estrés y de la negatividad que te rodean, te puedes dar la oportunidad de tener una vida más feliz, más calmada y más satisfactoria. Pero el camino a lo bueno puede estar cargado de retos y la esencia de la meditación a menudo va en contra de lo arraigado en la manera de pensar occidental.Esto quiere decir que es importante que internalices lo que aparece en este libro y lo aceptes de corazón. La meditación, en especial el *mindfulness*, puede practicarse en cualquier lugar y en cualquier momento y todos los aprendizajes asociados con la meditación pueden aplicarse a diario.

La gratitud, la aceptación, el dejar ir y el altruismoson atributos que pueden hacerte llegar lejos y darte una visión más clara de ti mismo y de los que te rodean. Tienes que asegurarte de que tienes unas bases sólidas y la motivación adecuada, un gran compromiso y la actitud correcta para dominar tu práctica y cosechar los beneficios de la meditación.

Parte 2

Introducción

Como terapista de masajes por los últimos 15 años, mi carrera se ha centrado entorno a ayudar aliviando el dolor y el estrés de las personas.

¡Y nosotros estamos estresados!.

Nosotros tenemos nuestros hombros tensos alrededor de nuestras orejas. Nuestros músculos están anudados. Nosotros estamos cansados la mayor parte del tiempo, y estamos doloridos. Muchos de nosotros sentimos, que no tenemos tiempo suficiente en el día, y estamos con los primeros síntomasde ansiedad y depresión. Nuestras relaciones, nuestra paz mental, nuestra satisfacción con la vida, aquí,están en juego.

Pero que, si yo le digo que en cincocortos minutos al día, haciendo algo simple, sencillo y gratuito, podría conseguir revertir esa situación?

¿Que si usted podría sentir su cuerpo

relajado?,¿Si pudiera respirar profundamente y saber en el fondo que todo está bien?, ¿Que usted pudiera experimentar ese profundo nivel de calma y paz?

¿Qué pasaría si estos cinco minutos redujeran dramáticamente su estrés e incluso lo dejaran con un mejor estado de ánimo?, ¿Que pasaría si usted pudiera experimentar menos dolor en su cuerpo, sin medicamentos?, ¿Qué pasaría si su esposa, sus hijos, o sus compañeros de trabajo mencionaran que usted a estado mejor últimamente?, ¿ Qué pasaría si usted se sentiría mas feliz? , ¿Qué pasaría si tuviera un botón de pausa que le permitiera elegir cómo responder a una situación, en lugar de reaccionar de una manera que podría lamentar más tarde?, ¿Qué pasaría si realmente sintiera que tiene más tiempo en su día?

¿Estaría interesado?,¿Estaría dispuesto a intentarlo?, ¿Estaría dispuesto a dedicar 5 minutos al día para obtener esos beneficios?.

Imagínese, 5 minutos al día para reducir el estrés y mejorar su estado de ánimo. Imagínese.

A través de los años, cuando yo estuve enseñando a mis clientes las técnicas simples que yo estoy compartiendo con usted – y ellos las practican de manera regular – Yo puedo sentir la diferencia en sus cuerpos.

Sus músculos no están sosteniendo tanta tensión, están mas suaves. Sus hombros relajados naturalmente y descendidos alrededor de sus orejas. Los hombros no estántan dolorosos a la palpación. Yo puedo ver una diferencia en sus rostros. Las líneas de tensiónsuavizadas. Algunas veces ellos incluso se ven mas jóvenes. Ellos me dicen que tienen más energía al final del día, porque no se preocupan tanto por las cosas. Sus cónyuges les dicen que es más agradable estar cercade ellos.

Como un antiguo miembro del cuerpo

docente de la escuela de masaje, y como un líder trabajador, he enseñado estos métodos también a los estudiantes en escuela y en talleres. Ellos informaron sentirse mas calmados, menos estresados, y menos ansiosos que antes de la prueba. Encontraron que son mas capaces y resistentes en su vida, día a día. Ellos tienen más energía y no están tan cansados y agotados, cerca del final del día.

Y esos cinco simples minutos de meditación pueden ser extremadamente útiles, si usted desea dejar de fumar, dejar de estar gastando demasiado, o comiendo en exceso.

Como nuestro estrés se reduce por estas técnicas simples y antiguas, nosotros nos sentimos mejor. Simple y llano. Que aprenderá usted aquí, algo que ha sido probado por milenios, por personas, por todo el mundo. Estas no son ideas o métodos nuevos, lo que es buena noticia. Esta no es una moda pasajera que podría o no funcionar, en su lugar es una manera, probada y autentica de trabajar con nuestra mente y cuerpo para sentirnos mas tranquilos y mejorar la calidad de nuestras vidas.

Además, no tiene costo alguno, es sencillo de hacer, y usted puede hacerlo en cualquier momento, casi en cualquier lugar. Y tiene el poder de transformar su vida.

¿Por qué cinco minutos?

Incluso con los dones que me ha dado la meditación y el poder de hacerlo regularmente, yo aún no estaba meditando por largos periodos de tiempo cada día. Y con frecuencia no medite para nada, porque pensé que tenía que hacerlo por lo menos una hora diaria, preferiblemente más. Entonces, yo solo me sentía culpable por no hacerlo. Tonto, ¿cierto?. Pero yo me conocía a mi mismo lo suficiente para saber que yo no iba a invertir una o dos horas al día meditando, como me enseñaron, yo necesitaba obtener algún beneficio.

Entonces yo empecé a experimentar. ¿Realizando meditaciones cortas con regular frecuencia, podría hacer una diferencia?. ¿Podría tener algunos beneficios estando un prolongado tiempo sentándome cada día?

Yo creo que meditando por periodos mas largos de tiempo (una hora al día o más) es altamente beneficioso. Pero dicho esto, me he beneficiado de hacerlo con tan solo 5 minutos de meditación al día. Honestamente se siente tan bien, yo frecuentemente me quedo a meditar por 10 a 15 minutos. Pero incluso si solo toma 5 minutos me siento mas calmado, menos estresado, y estoy de mejor humor. Y cinco minutos, es lejos, *mejor* que nada en absoluto.

Yo deseaba encontrar si esto era verdad para otros también. ¿Ellos podrían experimentar también, una diferencia con solo hacer 5 minutos de meditación?

En 2006, tomé una posición de profesor adjunto en una escuela de masaje en Seattle.

Cundo tuve tiempo extra en clases, intenté probar con ellos.

Desde que yo estaba trabajando con personas, las cuales iban a estar ayudando a clientes, aliviando su estrés y su dolor, yo deseaba enseñarles a estos estudiantes,acerca de una meditación simple que podrían realizar y que podrían enseñar a sus clientes.

Lo que encontré fue sorprendente. Llevé a mis alumnos a través de unas simples meditaciones de 5 minutos, las cuales yo compartiré con ustedes pronto.

Al inicio de la clase, yo les pedíque puntuaran su actual nivel de estrés y de tensión – para medirlo en una escala del 1 al 10. Estando diez, por fuera del cuadro de desestresados, y uno,estandocalmados y sintiéndose muy bien. Entonces les pedí cerrar sus ojos, **mientras los guiaba a** través de una simple meditación durante 5 minutos.

Allí, fue un cambio en los sentimientos del salón. Se convirtió en calmado y tranquilo. Increíble – esos fueron los de las clases de la noche, entonces cada uno habían estado en sus trabajos todo el día y habían pelado con el tráfico para lograr llegar a clases. Por norma, fue apresurado y sin conexión, por un momento, mientras todos se acomodaban.

Mis estudiantes me dijeron que amaron realizar la meditación- Yo les pedí que midieran otra vez su nivel de tensión y estrés después del ejercicio. De manera global, ¡fue reducida a la mitad!. Ellos se sentían mucho mejor, y en un tan corto periodo de tiempo. Muchos de ellos, incluso, solicitaron que hiciéramos cinco minutos de meditación, antes de tomar una prueba. Ellos dijeron que deseaban sentir la misma sensación de paz y calma antes de tomar sus pruebas.

Yo comencé enseñándoles estas técnicas a

mis clientes y en los talleres. La respuesta es consistente. Las personas, de manera global informaron sentirse calmos, mas serenos, menos estresados, mas felices y sentir menos dolor y tensión en sus cuerpos. Las personas quienes continuaron en practicar, incluso 5 minutos cada día, informaron que sus vidas son transformadas para mejor.

Y luego comencé escuchando historias y leyendo artículos sobre los beneficios científicos, incluso en cortos periodos de meditación por día.

Tomando esos cinco minutos para hacer meditaciones y practicarlas, usted encontrará un par, que a usted le gustarán mas que las otras. Eso es mejor. Vaya con esa meditación. Practique diariamente. Es beneficioso practicar más si usted puede. Pero si usted solo tiene cinco minutos, eso es genial.

Al reservar cinco minutos diarios para practicar, usted entrena su mente y su cuerpo. Hay cambios químicos y físicos que ocurren en el cuerpo con la meditación. Aunque usted solo invierta cinco minutos, comenzará a obtener beneficios para ello.

¿Qué es Meditación?

Brevemente, echemos un vistazo a lo que es la meditación.

La meditación no es un acto de hacer, tanto como ser un estado de conciencia.
La meditación es un estado de profunda paz, donde la mente está en calma y quietud, sin embargo, completamente alerta.

Los ejercicios de meditación en este libro son un camino para cultivar y entrenar la mente en este estado de conciencia. Cuando la mente esta calmada, en paz y en tranquilidad, pero la conciencia permanece, el alivio del estrés y la felicidad, son el producto biológico natural

En breve, aprenderá de manera sencilla y fácil, pero poderosa y efectiva, meditaciones de 5 minutos.

Usted puede realizarlas fácilmente, casi en cualquier lugar. Pueden ser realizadas sin conocimiento alguno. También, he incluido algunas meditaciones que se basan en enfocarse en la respiración. Estas son especialmente buenas para situaciones potencialmente estresantes como estar en la oficina del jefe, realizando una presentación, pasando tiempos difíciles con la familia.

Yo prometo, si usted practica estas meditaciones regularmente, entonces usted tendrá una herramienta que puede transformar su vida.

Algo para usted, No importa quien es usted o Donde va

Todos nosotros tenemos diferentes estilos y preferencias. Ha algunas personas les gusta quedarse quietas y respirar, mientras que alguno de nosotros preferimos mover nuestros cuerpos y nos desagrada quedarnos sentados. Es posible que le resulte más fácil concentrarse al tener algo que ver o que prefiera escuchar algo.

No importa cual estilo usted prefiera, hay algo aquí, para que utilice cada día. Elija la estrategia que a usted le guste más. Utilícelas Cada día. Así es como usted se beneficiará.

Puedo decirle que hacer, pero usted necesita poner en practica para cosechar las recompensas que le están esperando

Es posible que descubra que le gusta hacer esto tanto, que lo hace por más de cinco minutos. ¡Eso es Genial! Vaya por ello. Pero, mientras lo haga por solo 5 minutos, usted reducirá su estrés y levantará su estado de animo..

Después de las meditaciones, yo he incluido una opción de un Reto de Diez Días de Meditación. Utilícelo para conseguir sus propios resultados. Hágalo solo por diez días. Si usted desea extenderlo por 30 días, eso es excelente y yo le animo a que vaya por ello. Pero, registre como se siente usted por 10 días, y dele unaimparcial evaluación. No crea solo en mi palabra, compruébelo por usted mismo.

Prepárese para dejar de lado su estrés y sentirse mejor.

Fundamentos para su práctica de meditación de 5 minutos.

Aquí hay algunos consejos básicos que sentarán una base sólida para su práctica de meditación.

Mientras usted este meditando apague todas las distracciones. Ponga el teléfono en otra habitación con el sonido apagado. Apague la computadora. Apague el televisor. Encuentre tiempo a solas. Son solo cinco minutos, entonces haga que cuenten. No se aflija porque recibió un mensaje de texto. Eso puede esperar.

Cuando este meditando, haga lo mejor para estar en una posición cómoda con ropa holgada. Si esto no es posible, no se preocupe. Puede ser una manera útil de comenzar. He hecho meditación en un cuarto de baño repleto. En una gran fiesta vistiendo pantalones ajustados y tacones altos. ¿Estaba yo cómodo? Nop. ¿La meditación me ayudo a sentirme mas relajado, a gusto y listo para disfrutar más la noche. Apuéstelo. No obstante, los tacones se tuvieron que ir. Pero si usted se puede dar el lujo de estar cómodo, por favor, hágalo.

Cree un recordatorio. Establezca un cronómetro o una alerta en su computadora como un recordatorio para meditar, por lo menos una vez al día hasta que se convierta en un hábito.

Alternativamente, incorpore sus cinco minutos en su rutina regular. Hágaloa primera hora de la mañana, justo después de lavarse los dientes.Tómese 5 minutos durante su receso para almorzar. Encuentre un lugar tranquilo para practicar un poco antes de la cena. (nota:usted también podría comer menos si haces esto) o hacerlo un poco antes de irse a la cama.

Como una bonificación, cuando usted pare en una luz roja mientras conduce, medite(¡con sus ojos abiertos!), o tome algunas respiraciones profundas. Cuando usted este escuchando a un compañero de trabajo quien le conduce por un camino equivocado, tome una respiración profunda. Esto puede disminuir su estrés aunque sea un poco, por razones que le compartiré en breve.

Usted puede realizar esto, sin importar donde se encuentre. Usted puede estar en el bus, en la oficina de su jefe, en una reunión o en un avión. Lo más probable es que nadie sepa que lo estás haciendo, y experimente una recarga inmediata de sus baterías.

Muy Importante

Su mentese va a preguntar cuando medite.Usted va a olvidar su meditación por completo en algún momento y se perderá en un sueño o en pensamientos fortuitos. Esta bien. Es la naturaleza de la mente. Solo regrese a su punto de enfoque.

No puedo decirle, cuanta gente me ha dicho, que ellos no pueden meditar, porque no pueden calmar sus mentes. Que necesitan ser capaces de calmar sus mentes primero, antes de poder comenzar a meditar. ¡Eso es completamente falso! Esa no es la manera en la que funciona, entonces no permita que lo detenga. Nuestras mentes deambulan y están ocupadas.

Recuerde, la meditación es la practica de conseguir entrar en un estado meditativo. Usted esta desarrollando un músculo. Suavemente vuelva a centrar su atención en el objetivo, que es la práctica de la meditación. Usted está entrenando y disciplinando su mente y su conciencia.

Cuanto más practique, mas sencillo será estar enfocado durante la meditación

Usted verá que esto también se introducirá

en otras áreas de su vida. Podrá concentrarte mejor, en los proyectos y tareas que estén frente a usted. Su mente se agudizará..

Aquí están mis meditaciones favoritas "Vamos". ¡Agarre ese cronómetro y comencemos!

La Conciencia de la Respiración en la Meditación

Instrucciones:

La Conciencia de la Respiración en la Meditación

1. Siéntese o échese en una posicióncómoda.

2. Cierre sus ojos.

3. Inhale y exhale por su nariz.

4. Note, sienta y observe las sensaciones alrededor de sus fosas nasales o de su boca mientras inhala y exhala.

5. Haga que su mente vuelva a concentrarse en la respiración, si esta divaga.

Notas:

- Usted, Querrá estar alerta, por lo que si tiene sueño, hágalo sentado.

- Respire normalmente cuando usted haga esto. No se preocupe por respirar profunda o lentamente o alterar su respiración de alguna manera. Solo respire como esta respirando en este momento.

- Sienta la respiración entrar y salir de sus fosas nasales. Va a sentir diferentes sensaciones en sus fosas nasales, a medida que el aire se mueve hacia adentro y hacia afuera. Puede sentir presión y notar la temperatura del aire. Tal vez lo sienta seco, o húmedo. Simplemente, préstele atención a lo que sea que sienta, que sucede alrededor de su nariz cuando respire.

- Si por alguna razón, no puede respirar por la nariz porque tiene un resfriado o alergias, esta bien. Usted hará la misma meditación respirando por la boca. Preste atención a la sensación del aire en sus labios,cuando entra y sale por su boca

Este es su enfoque durante cinco minutos.

Meditación Mantra

Un mantra es la repetición de una palabra o de un sonido para ayudar en la concentración.

1. Cierre sus ojos.
2. Elija un mantra.
3. Repítala una y otra vez en su mente.
4. Regrese a su en foque con el mantra si su mente deambula.

Nota: Esta es una técnica simple y popular. Si seguir su respiración es demasiado sutil, entonces es posible que prefiera algo como esta técnica, como ser una meditación enfocada. Usted puede enfocarse tanto en un mantra como en una palabra, una oración, hasta incluso contando hasta diez. Luego repítala constantemente por la duración de su meditación.

*Esta podría ser una palabra, un sonido, una oración corta, e incluso contar, Aquí hay algunos ejemplos:

- OM

- Gracias

- Paz

- Amor

- Armonía

- Soy lo que soy

- Que todos los seres sean felices, que todos los seres encuentren paz

- Cuente desde el 1 hasta el 10, o cuente

desde el 1 al 4, Repita durante toda la meditación

- Cuente desde el 1 hasta el 5, y desde el 5 al 1.

O elija una que usted conozca, o le agrade.

Beneficios Adicionales

Mantra meditación puede ser especialmente útil si su cabeza esta navegando en pensamientos y usted necesita aclararlos. Si usted desea resolver un problema y conseguir sus mejores ideas en la ducha, cuando se este lavando los dientes, cuando este estilo pueda ser útil para usted.

Esto es bueno para usted si usted es alguien a quien le gusta un enfoque mas estructurado.

Punto Visual, o de Enfoque

Instrucciones:

1. Elija un punto de enfoque o algo para

mirar.*

2. Continúe mirándole fijamente

3. Cuando su mente comience a deambular, vuelva a enfocarse en el objeto.

Si usted es una persona visual y meditar con los ojos cerrados no funciona para usted, puede preferir este

método.

* Eligiendo un punto de enfoque. Aquíestán algunos ejemplos:

- Encienda una vela y observe la llama.

- Una imagen

- Una planta

- Un globo de nieve

- Una mesa

- Un arroyo, un lago, o un océano

- Una mándala (una mándala es un circulo con diseños geométricos dentro de el.)

Notas:

Elija algo que no contenga imágenes en movimiento.

Yo le recomiendo, además, que elija una imagen o una fotografía sin mucho peso emocional en ella. No elija una fotografía que le ocasione a su mente divagar en exceso. Manténgase emocionalmente neutral. Por ejemplo, evite elegir una fotografía de su ex pareja, o una figura política para este ejercicio.

Además, la televisión o su teléfono no son buenos puntos de enfoque para una meditación visual. Es demasiado fácil distraerse con ellos. Eso es como intentar trabajar en una tienda de rosquillas, demasiada tentación para usted.

Meditación Caminando

Para personas a quienes les gusta moverse o tienen dificultades para quedarse sentados.

1. Elija un lugar lo suficientemente grande para dar varios pasos.
2. Comience por estar quieto por un momento. Sienta su cuerpo mientras este quieto. Principalmente, sienta su peso sobre sus pies.
3. Preste atención a las sensaciones y sentimientos de su cuerpo. Comience a caminar despacio pero cómodamente. Sienta sus pies tocar el suelo. Note como su cuerpo se siente mientras se mueve. Comenzando con sus pies, luego mover sus tobillos, sus rodillas. Como sus caderas se sienten cuando... usted se mueve? Su espalda, su cuello? Simplemente observe la sensación sin juzgar si son buenas o malas o tratando de modificar algo.
4. Variación: Cuente sus pasos mientras camina. Ese será su punto de enfoque.

Nota:

La meditación caminando se puede realizar en casa. Encuentre un cuarto, o un espacio lo suficientemente grande para dar varios pasos. Usted podría necesitar caminar en círculos o de ida y vuelta.

Algunas personas eligen hacer un movimiento estructurado de meditación como el Tai Chi, el Chi Gong o el Yoga. Esas son practicas maravillosas y podría ser algo que austed le podría gustar explorar si usted disfruta la meditación que incluya el movimiento.

Meditación del sonido, la música o el cantico

(El cántico es cantar o entonar un sonido o una palabra una y otra vez)

Instrucciones:

1. Elija una pieza musical, sonido o frase para cantar repetidamente*
2. Cierre sus ojos
3. Enfóquese solo en la música, el sonido

o el cantico por cinco minutos: Note también como siente la música en su cuerpo cuando hace esto.

* Algunas ideas y opciones

- "La unidad Om" autora AnandaGiri en CD o descarga. Muy sosegador y funciona bien bien para la meditación.

- Músicaclásica tranquilizante.

- Busque en línea una pieza de yoga o música para meditación.

- Cante o coree las palabras de la técnica de meditación mantra.

- Encuentre un gong o un cuenco cantor para utilizar. Estos pueden ser encontrados en línea o posiblemente en un estudio local de yoga, o en una tienda alternativa de libro. Estos estántambién disponibles en CD o para descargar.

Una variación de la meditación.

Respiración enfocada

Otra forma de meditación que también es muy útil esta enfocada en la respiración. Los ejercicios de la respiración enfocados son una forma poderosa de reducir el estrés, incrementa su energía, y mejora su humor, y reduce el dolor. Utilícelos en su hogar, o en cualquier momento que usted necesite relajarse, calmarse o sentirse mejor. Se dan algunos ejemplos en los capítulos siguientes.

Como Respirar Para Que Usted Tenga el Mayor Beneficio de Ello.

No importa que tipo de meditación usted elija hacer, respirar correctamente es esencial.

Nosotros nacimos sabiendo como respirar profunda y fácilmente, pero por lo general necesitamos volver a aprender como adultos. En efecto, mucho de nosotros inconscientementetendemos a contener el aliento. Este es una respuesta natural cuando estamos en peligro. Nosotros usualmente percibimos al estrés como una amenaza o como peligro. Y ya que nuestra cultura está llena de estrés, caminamos como si siempre estuviéramos en constante peligro. Por lo tanto, la mayoría de nosotros estamos respirando de manera parcial.

Como funcionan los pulmones y la respiración

Una corta lección de anatomía. Nuestros

pulmones van desde la parte inferior de nuestras costillas hasta nuestros hombros.

Cuando tomamos una respiración profunda, un musculo llamado diafragma es empujado hacia abajo de nuestro abdomen, creando una aspiradora que empuja el aire en nuestros pulmones y expande nuestro estomago hacia afuera.

La mayoría de nosotros tendemos a respirar profundamenteelevando nuestros hombros, pero la parte inferior de nuestros pulmones (donde están la mayoría de los receptores de energía y oxígeno) se infrautiliza. Cuando nosotros no permitimos que nuestro estómago se relajar cuando introducimos aire, nuestro diafragma no puede contraerse en su totalidad y no conseguimos respirar profundamente.

Intente esto. Mírese en el espejo. Tome una respiración profunda. ¿Usted nota que sus hombros se elevan?Si sus hombros se elevan pero su estomago se mantiene plano, entonces no está respirando adecuadamente. Usted no esta consiguiendo una respiración profunda como la necesita. Esto está a punto de cambiar.

Si alguna vez ha tomado una clase de yoga, puede estar familiarizado con lo que se llama El Aliento de Tres Fases. Esta es una manera de respirar que le permite llevar el aire total y completamente.
Este próximo ejercicio es muy valioso, porque cuando aprende a respirar correcta y profundamente, nutre poderosamente las células del cuerpo. Y se siente realmente bien.

El circulo de estrés y cómo la respiración lo aniquila correctamente

Hay muchos músculos que le ayudan en la respiración junto con el diafragma. Incluidos en estos, están los músculos del cuello, los hombros, y los músculos del pecho, que elevan las costillas superiores para dejar espacio, para más cantidad de aire en la parte superior de los pulmones.

Cuando usted esta ansioso, estos mismos músculos tienden a permanecer tensos y contraídos. Puede experimentar esto, cuando su cuello y hombros se sienten contraídos, doloridos y con nudos.

Cuando usted continúa respirando, elevando los hombros, sin relajar el estómago para respirar más profundamente, también mantiene tensos los músculos que se contraen cuando estás ansioso y estresado, contracturado y "encendido".

Lo que sucede es que usted crea un circulo donde, cuando está estresado, sus hombros están tensos, y cuando está ansioso y estresado y solo respiraelevando los hombros, los mismos músculos están tensos.

En efecto, está creando un circulo de retroalimentación de estrés en su cuerpo.

Cuando usted comienza a relajarse y respirar profundamente en su vientre, sus hombros y su cuello comienzan a relajarse. Esto luego envía una señal a su sistema nervioso de que ya está relajado y puede, después, respirar más profundamente.

Luego es mas sencillo conseguir una respiración profunda, la cual nosotros realizamos cuando estamos relajados. Lo que hace mas fácil relajarse y respirar profundamente. Entonces sus hombros y su cuello se relajan, permitiéndole una respiración mas profunda y permitiendo que nuestro estrés se libere aún más. ¿Usted comprendió la idea?

Esta es una clave para su salud y felicidad. No importa que meditación haga usted, entrénese a respirar hacia su vientre. Es sencillo hacerlo, pero requiere práctica. Puede parecer inusual al principio, pero cuando lo aprenda, se dará cuenta de que se siente realmente bien. Se sentirá más relajado y es posible que sienta, que has tomado la respiración más profunda que ha tomado en años.

La respiración en Tres Partes

Instrucciones:

1. Échese o siéntese: Vista algo cómodo, y nada apretado alrededor de su cintura

(desabroche o desabotone sus pantalones si es necesario). Es útil estar recostado para esta práctica, pero no es esencial

2. Deje que su estomago se relaje por completo. Ponga sus manos sobre su ombligo, e inhale, permitiendo que su estómago se relaje y se expanda. Su estómago se expandirá y se pondrá más grande cuando inhale. Usted sentirá sus manos elevarse mientras descansan sobre su ombligo.

3. Una vez que su vientre este lleno de aire, coloque sus manos a los lados de sus costillas. Sienta sus costillas expandirse hacia afuera mientras continua inhalando.

4. Después respire hasta su pecho y sus hombros. Siéntalos elevarse con cada respiración.

5. Repetir. Permita que su estomago se expanda, sus costillas se expandan, y sus hombros y su pecho se eleven

suavemente.

Notas:

Esto le tomará algo de tiempo y práctica conseguirlo. No se preocupe si no lo logra de inmediato. Usted puede dividir la práctica en pasos. Primero, enfóquese en relajar su estomago y sentirlo expandirse a medida que respira. En un par de días, a medida que se convierta en más sencillo, agregue sentir sus costillas expandirse. Luego, combine el estómago, luego las costillas. Cuando se haya familiarizado con eso, y entonces deje que sus hombros suban suavemente también.

No se maree haciendo esto. Si se siente mareado, descanse y respire normalmente por algunos momentos. Luego continúe, pero ralentice su respiración.

Recuerde, usted tiene mas receptores de oxígeno en la base de sus pulmones que en la parte superior, entonces si usted no expande su estómago cuando respira, usted no conseguirá **aprovechar de todo** ese oxigeno extra.

Relación de La Respiración 1-4-2

La relación de la respiración 1-4-2 puede mejorar significativamente su estado de ánimo, Es excepcionalmente bueno de realizarse si usted se siente triste o si tienes un antojo de algún tipo (deseando comer demasiado, fumar, beber gritar, etc.). Esto también es bueno si usted esta por tener una entrevista o dar una presentación. Cambiará y estimulará su estado de ánimo y actitud.

Instrucciones:

1. Siéntese o acuéstese.

2. Cierre sus ojos.

3. Inhale contando 1*.

4. Sostenga la respiración contando hasta 4*.

5. Exhale contando hasta 2*.

6. **Repita por cinco minutos.** Tome un breve descanso para respirar normalmente entre ciclos de diez respiraciones si lo necesita.

Notas:

* Puede usar el número que quiera para inhalar y exhalar.

Si usted cuenta hasta dos, luego exhale, para este ejemplo, es 10

Si usted fuera a inhalar contando hasta 5, luego usted podría sostener el aliento contando hasta 20 (o cinco multiplicados por cuatro). Una cuenta puede ser cualquier numero de su elección. Comience con un número inferior a 10 y trabaje para arriba. Recomiendo cuatro o cinco para comenzar. Entonces es 4-16-8 o 5-20-10, por ejemplo.

Si usted siente algún esfuerzo o estrés mientras realiza esto, disminuya la cuenta de sus respiraciones. O cambie a la meditación de Conciencia de la respiración por el resto de los cinco minutos. Trabaje realizando esto por los cinco minutos completos.

Esta respiración en particular es bueno para estimular el flujo linfático en su cuerpo.

Relación de La Respiración 1-2

Esta respiración es excelente para aliviar la ansiedad.

Instrucciones:

1. Inhale por su nariz al contar 1*
2. Exhale por su boca al contar 2*

*Usted puede utilizar cualquier numero que guste para inhalar y exhalar. Su exhalación solo necesita ser el doble que la inhalación.

Notas:

No cree ninguna tensión con esta respiración. Si se siente complicada, hágalo por un tiempo más corto.

Es importante no hacer esto demasiado rápido. Puede ser bueno trabajar para ello si es necesario. No se maree.

Variación: Si usted esta sintiendo enojo o irritabilidad haga esta variación.

Moje sus labios antes de inhalar por su boca y exhalar por su boca.

La humedad hará que la respiración se sienta fresca, lo que también le "enfriará".

Prepárate para el éxito. Hacer meditaciones de 5 minutos como parte de tu vida diaria

Felicidades por llegar tan lejos! Usted esta mostrando su compromiso para sentirse bien, libre de estrés y mejorar su estado de animo. Me quito el sombrero por tomar el mando de su vida y por tomar medidas para que esta sea lo mejor posible.

Quiero que tenga el mayor éxito posible y se beneficie plenamente de lo que ha aprendido aquí. La clave es practicar, practicar, practicar!

Pero las cosas surgen, así que hablemos de algunos de los obstáculos que puede encontrar y cómo lidiar con ellos.

Uno de los obstáculos que usted puede atravesar es, que debido a que esto es "solo" 5 minutos, se dice a sí mismo que lo hará más tarde, - y ese más tarde, nunca llega. Por lo que, ¿que hacer al respecto? Póngalo en su calendario. O coloque un recordatorio donde lo verá. Una nota adhesiva en su pasta dental, por ejemplo. Algunas personas ponen una alarma en su teléfono para irse unos minutos antes. Cualquier método que usted tenga para registrar y recordar que debe hacerlo, es recomendable.

Puede pensar que cinco minutos es demasiado corto para ser realmente efectivo. La experiencia me ha demostrado que eso no es cierto. Pero no escuche mis palabras. Pruébelo por usted mismo. Tome el reto de Meditación por 10 días que esta al final de este libro. Grafique su propia experiencia y luego decida. Si bien diez días son cortos, se beneficiará aún más si hace esto durante muchos meses. Creo que encontrará, que este es un uso valioso de tu tiempo.

Para algunos de nosotros, la parte más difícil de hacer algo, es simplemente comenzar. Si este es su caso, entonces, durante la primera semana, siéntese y cierre los ojos como si fuera a meditar. Ni siquiera tiene que hacer la meditación. Solo siéntese un momento como si lo fuese a hacer. O practique apagar el teléfono, la computadora, la televisión y la radio. Solo haga eso todos los días durante una semana y tómelo como buena decisión. Usualmente, cuando nosotros damos un pequeño paso en la dirección correcta, se crea un efecto de bola de nieve. Puede que se encuentre diciendo, ¡ah, qué diablos, puedo hacer esto durante cinco minutos!

Quizás le preocupa que otros piensen que es usted raro si medita. Los seres humanos han estado haciendo meditación por cientos de años, entonces si usted medita, está en buena compañía. Pero no todo el mundo comprende esto. Si alguien piensa que usted es raro haciendo esto, usted tiene dos opciones:

Una es no decirles. Ni siquiera tienen que

saberlo. Medite en privado para que nadie le vea. Podría estar en su auto (cuando no este conduciendo por favor). Podría ser en el baño o en su hogar cuando no haya nadie. Con el tiempo, cuando ellos comiencen a notar cambios positivos en usted, pueden preguntarle qué ha estado haciendo. Depende de usted si les dirá o no.

Alternativamente, usted puede invitarles a unírsele. Dígales sobre este libro y puede practicar con ellos. Tome el reto de meditación de 10 días. Cree un grupo de ayuda o un sistema de compañerismo.

Otro obstáculo con el que se puede encontrar es olvidarse de hacerlo o pasar un período de tiempo sin meditar. No se preocupe, solo regrese donde lo dejó.

Y finalmente, puede encontrar sus propias preocupaciones sobre si la meditación es aceptada por su religión o sistema de creencias. La meditación es practicada al rededor del mundo por personas de muchas creencias. Los métodos descritos en este libro no poseen ninguna orden religiosa y pueden ser practicadas por cualquiera sin ir en contra de su sistema de creencias. La mayoría encuentra esto, de hecho, una práctica que profundiza su fe. Sin embargo, si esto le preocupa, consulte a su líder o maestro religioso o espiritual.

Reto de 10 días de Meditación

Como lo mencionamos, una de las claves mas importantes para la meditación es la practica diaria. Porque esto es solo 5 minutos, es sencillo practicarla diariamente. Practicar una vez al día es mucho más importante que intentar hacerlo 35 minutos una vez a la semana. Es como hacer ejercicio – usted obtiene beneficios por realizarlo de manera regular. No puede ir al gimnasio una vez para compensar el hecho de no ir de forma regular. Cuanto más regularmente haga ejercicio, más se beneficiará.

Aquí hay un reto simple para usted. Le recomiendo que haga esto para construir su músculo de meditación. Es divertido y fácil hacer esto.

Como tomar el reto

1. Primero, pruebe cada una de las meditaciones que se describen en este libro y pruebe cada método.
2. Tome notas sobre cada método en la tabla de abajo
3. Encuentra uno que le guste y quiera seguir durante diez días.

Meditación	Lo amé	Me gustó	Lo haré más tarde	Notas
Conciencia de la Respiración				

Mantra				
Punto de Enfoque en meditación				
Meditación caminando				
Sonidos para la Meditación				

Respiración en tres partes				
Respiración 1-4-2				
Respiración 1-2				

4. Una vez que usted decida que método utilizará, decida en que tiempo meditará y póngalo en su calendario.

5. Mire el siguiente cuadro. Este es su cuadro para el reto de 10 días.

6. En este cuadro, tome notas en el área

indicada de como el nivel de relajación y de su estado de animo están en general durante todo el día. Usted puede usar un sistema de numeración o de palabras si usted gusta. Sea tan conciso o detallado como quiera.

7. Luego, tome nota de como se siente justo antes de meditar, y como se siente justo después de meditar.

8. Repita diariamente por diez días.

Al final del reto, dele una mirada a su cuadro. ¿Usted nota algún cambio? ¿Es un poco más reflexivo en cómo responde a las situaciones? ¿Está un poco menos nervioso en un atasco de tráfico? ¿Siente que has tenido un respiro en su día, que le quita una pequeña ventaja para que pueda entender sus pensamientos?

Le recomiendo que haga este reto de diez días de meditación y de las técnicas de respiración enumeradas en este libro. Usted podrá notar los diferentes beneficios de cada método.

Día	Método de meditación	Nivel de relajación y Estado de animo Antes de meditar	Nivel de relajación yEstado de animo Después de meditar	Nivel de relajación y Estado de animo Durante el Día y Notas
1				
2				

3

4

5

6

7

8

| 9 10 | | | | | |

Conclusión

Las personas han estado meditando por cientos de años. Esto no un fenómeno solo del el siglo. Utilice estos métodos antiguos probados y verdaderos para beneficiarse en su propia vida.

Imagine poder pasar el día sintiéndose más tranquilo y en paz. Hacer que otros comenten en como usted se ha convertido en una persona tranquila.
Imagine sentir menos estrés. ¿Podría tener mas energía? ¿Podría sentir menos ansiedad o depresión? ¿Podría sentir su vida mas placentera y agradable?
Imagine tener una herramienta que le ayude a reducir el dolor—estudios han demostrado que esto es posible con la meditación.
Imagine que las cosas que le irritan simplemente las pueda ignorar.
Imagine tener una herramienta a su disposición que aumenten su creatividad y sus habilidades para resolver problemas.
¿Podría tener ese súper poder? Tal vez.

Pero estos son simplemente algunos de los beneficios que puede obtener al meditar regularmente.

Utilice lo que aprendióaquí. Practique por 5 minutos diariamente. Coseche los beneficios. Corte su estrés. Levante su estado de animo. Y transforme su vida.

www.ingramcontent.com/pod-product-compliance
Lightning Source LLC
Chambersburg PA
CBHW071907070526
44583CB00016B/1876